The stylist's favorite tools and

一般社団法人テーブルウェアスタイリスト連合会(TWSA)公式スタイルブック

スタイリストが実践！

好きなものと上手につき合うインテリア

プロップスタイリスト
二本柳志津香
Shizuka Nihonyanagi

INTRODUCTION

みなさまはどんな暮らしが好きですか？
どんなテイストのものが好きですか？
プロップスタイリスト、つまりはもののスタイリスト、もっとわかりやすく言うならば撮影現場の〝小道具さん〟をなりわいにしている私が、後進育成のために運営しているスタイリングの学校で、生徒さんへの初めの問いかけは、「好きなものは何ですか？」です。
実際にこう聞くと、ほとんどの方がすぐには答えられないものですが、では、もしあなたが私のようなとても小さな家に住んでいるとしたらどうでしょう？
「小さな家なんか嫌だ！」。ほら、好き嫌いを決めるのは意外と簡単です。
私は、最寄り駅の自由が丘から徒歩17分という少し距離のあるエリアに小さな家を建てました。
もともととても傷つきやすく、人に疲れてしまう……そんな20代を過ごしてきた私が、ここで暮らすうちに、今ではいつも楽しそうと言われるまでになりました。
人生はもの選びで変わる！　自分の〝好き〟を知って、自分らしいものと暮らす意味とは？　そんなことをみなさま一緒に考える１冊になれば幸いです。

プロップスタイリスト

二本柳志津香

Shizuka Nihonyanagi

一般社団法人テーブルウェアスタイリスト連合会（TWSA）代表理事。株式会社空間スタイリング社代表取締役。CM・広告・カタログ・雑誌・書籍・空間からプロップまで手がけるスタイリストで、国家資格商品装飾展示技能士。日本で初めて食器のスタイリング資格・テーブルウェアスタイリスト® を創設。スタイリングやディスプレイ業のほか、食器の専門家としてイベント出演やテーブルウェアスタイリスト® の育成に取り組む。
インスタグラム@ nippon.shizuka

CONTENTS

Brand newday
CHEN IN FRANCE
MIMI THORISSON
TOINETTE POISSON

自宅のディスプレイにも欠かせないスタイリストの愛用道具

カバー写真の
中身がこちら！
美しいセットを
つくる相棒です

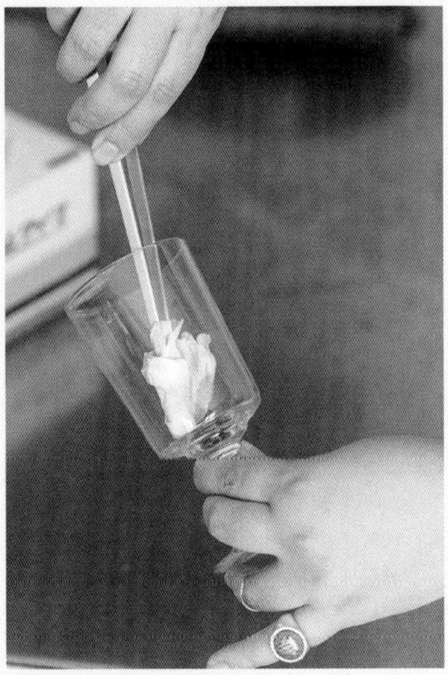

キムワイプ

撮影の際にカメラマンさんに教えていただいて以来、現場で手放せない紙製のワイパー。毛羽立ちにくいので、ガラスがキラキラに。掃除にも活躍します。amazonで購入可能。

メジャー

額のサイズに合わせて釘を打ったり、正確に位置を整えたい時には、やはりメジャーが必須。何かと役に立ちますから、メジャーは一家に１つあって損はないと思います。

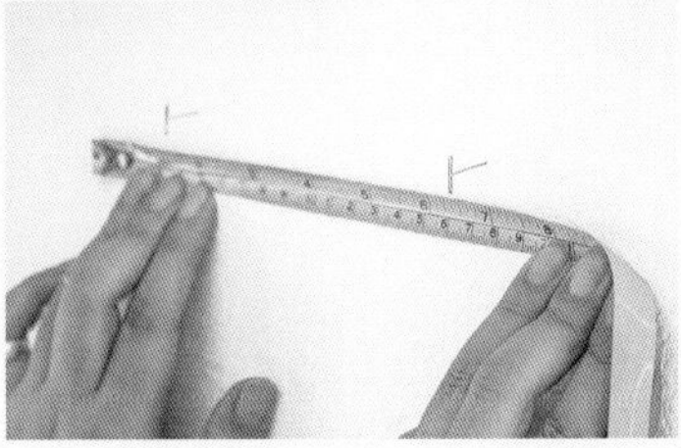

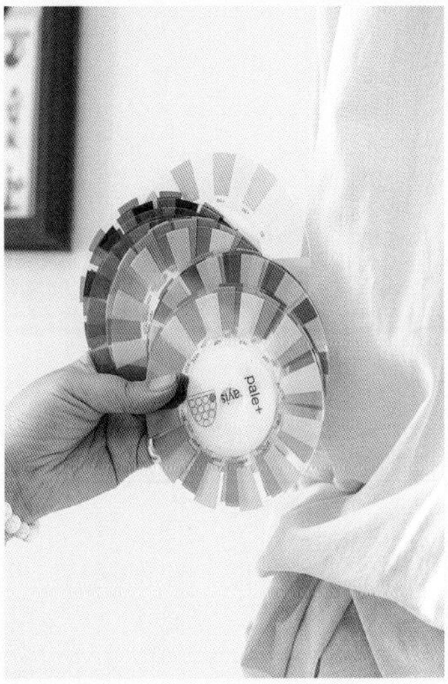

カラーチャート

色の組み合わせで迷った場合、カラーチャートを使ってみてはいかがでしょうか？　ひと口に「緑」と言われて想像する緑は、人それぞれ違うもの。千差万別な色について、明確に整理しやすくなります。amazonで購入可能。

虫ピンと練り消しゴム

私の仕事道具で一番、使用頻度が高いのがこの２つ。ちょっと特殊なようですが、撮影現場ではなく実際の住まいでもとても重宝しているので、詳しくは61ページをごらんください。

ハケ

スタイリストバッグにも常に数種類のハケや筆が入っていますが、細かい汚れを払ったりするのに便利です。ふだん使いなら、窓の桟《さん》にたまったホコリを払ったり、雑貨を飾った棚を掃除するのにぴったり。

フローラルナイフ

お花用のナイフも、１本もっておいて損はありません。バラのトゲを取ったり、フラワースポンジを切ったりと、花のある暮らしをサポートしてくれます。

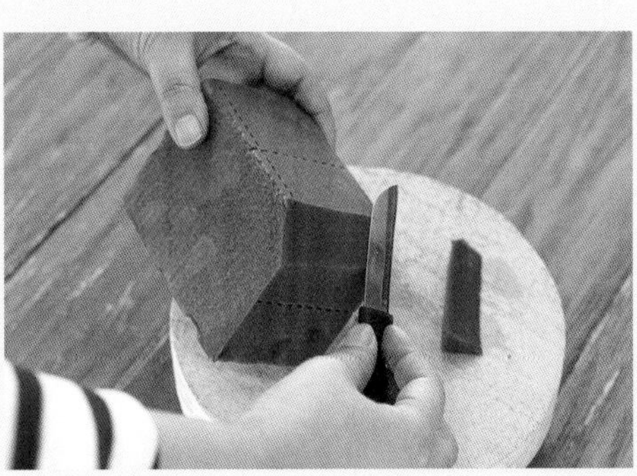

The stylist's favorite tools and selection items

C hapter 1

「狭さ」と「好きなもの」は共存できる！

スタイリストのリアルインテリア

わが家は3階建て、27.3坪の狭小住宅。
そこで好きなものに囲まれて暮らしています。
どんな空間で、どんなものを選んでいるのか
まずは、すみずみまでお見せしちゃいます。

パリのアパルトマンをイメージしています

LDK
3F

暮らしの中心であるリビングダイニングは、黒を基調にしたパリのアパルトマン風。コンパクトでもメリハリがついて、整って見えます。

「見せる」&「収納」の
オープン棚

建築当初、造作の収納棚の設置をすすめられたけれど、断って、好きな家具を置くことに。今は「メルカリ」で購入したオープン棚に、家電も一緒に収納しています。

ゴミ箱は
この１つだけ

わが家のゴミ箱は、キッチンに置いたこの１つだけ。パリジェンヌの暮らしに倣《なら》って、私も真似をしています。センサーで開閉するタイプで、ラクラク。

キッチンとリビングの印象を変える工夫

家の構造上、壁に傾斜ができたので、アパルトマンの屋根裏部屋のよう。壁紙を張ったら、さらに雰囲気が出ました。

狭いキッチンでは必須！引き出しを最大限に活用

キッチンカウンターの引き出しは、「無印良品」の収納ケースを駆使しています。こまごまとしたものが、ひと目でわかるように分類を。

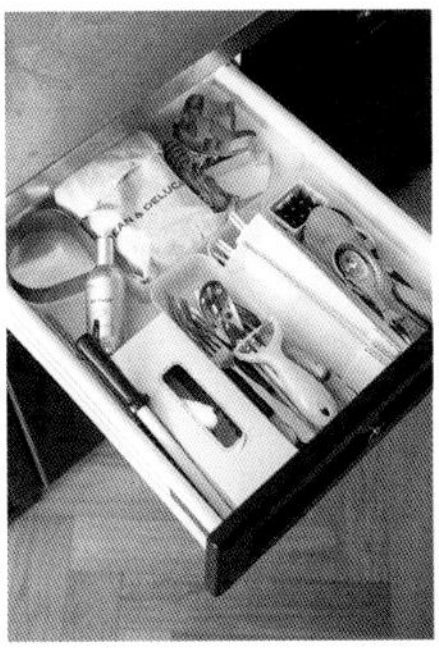

傾斜と柱の間の空間は愛犬のためのスペース。こぢんまりしていて落ち着くみたい。

2人と１匹の
コンパクトな食卓

夫婦２人と愛犬１匹との暮らし。ダイニングテーブルは２人用でコンパクトですが、いつもにぎやかに集っています。

限られたスペースを
好きなもので活用するのが
住み手の醍《だい》醐《ご》味《み》

住まいを考える時に、まず賃貸か持ち家か、マンションか戸建てか、なんてことを考えだしたのは20代の頃です。

田舎育ちの私は上京後、賃貸を転々としました。トレンディドラマに出てくるようなコンクリート打ちっぱなしのメゾネットや、自分の年齢より古いヴィンテージマンション、外国人向けのマンションにも住みました。

「理想の暮らしって何だろう？」。たくさん背伸びをしたり、時には倹約家になってみたりした結果、私の考える理想の暮らしについて、大切にしたいことを書き出してみることに。

① お日さま
② 犬との暮らし
③ 今の街
④ 好きな人、ものに囲まれて暮らす
⑤ 植物の緑

５つに絞って見つけたのが、私の結論。こうして生まれた小さなわが家は、断捨離ブーム時代と逆行した、好きなものに囲まれた３階建てです。好きなものをただただ集めて足の踏み場がない、そんなことにはならないように、ものの目利きを一緒にしていきましょう。

角地に立つわが家。３階建ての上に屋上があります。

LDK
3F

サイドテーブルにもなるスツール。こんなふうに何パターンにも使える家具をもつのも、もの選びのコツ。

たたずまいがいいと整って見えます

仕事柄もあって、雑誌を見るのが大好き。ふえるいっぽうの雑誌は、背表紙を背面にして重ね置き。

狭い住宅で楽しく過ごすコツは空間を変化させること

1Fのアトリエでブランチ

食事はダイニングテーブルだけと決めずに、テーブルと椅子を用意して、ふだんと異なる空間で。シリアルとコーヒーの手軽なメニューでも、朝からフレッシュな気分に！

3Fのダイニングでティータイム

自宅での仕事の合間に少し時間がとれたら、お茶の時間に。フレッシュハーブをガラスポットで蒸らしている間に、お気に入りの「BOCH」のベルナデッタシリーズのうつわを用意。素朴な焼き菓子がぴったり。

寝室と簡単なワークスペース。衣類を収納したチェストを、それぞれ夫婦でパソコンデスクとして。

くつろぎのスペースにも こだわりあり

Bedroom & Bathroom 2F

丸いクッションの実用性

ベッドには、ピローのほかに、クッションをいろいろ。特に丸くてしっかりした形だと、トレイをのせたり、本を広げて読んだりと、重宝します。

家事、仕事、睡眠を上手にできる工夫

　CMや広告撮影の仕事で寝室のスタイリングをすることも多く、モデルさんや商品のテイストに合わせたシーンをつくっていますが、自宅はというと専用の寝室は造れず、仕事・趣味・眠る場を１つにした部屋を２階に設けました。

　子どもの頃からインテリア誌が好きで、これまで多くの本に触れてきましたが、なかでも一番衝撃的でバイブルにしているのが、20代前半に出会ったベッドメイキングの本。ベッドリネンの合わせ方によってさまざまな演出ができるので、ベッドメイキングは部屋の印象を大きく変えるのだと学びました。わが家のように１つの寝室での用途が多い、またはワンルームなら、ベッドリネンにこだわるのがおすすめ。

　２階にはバス、トイレ、ランドリーが１つになった多用途のスペースがあります。実は、私の嫌いな家事はお洗濯。そこで、ランドリールームはせめてすがすがしく、可愛いものとともに、と決めています。44ページでは、嫌いな家事を楽しくする方法もご紹介しています。

ワークスペースには、感性を刺激してくれる雑貨や素材を置いています。58ページでご紹介する「雑貨を飾る３の法則」を実践して、大中小のガラスのキャニスターに入れて楽しみます。

サニタリー＆バスルーム。白い空間にクッションフロアを敷いてアクセントにしました。

タイル風のクッションフロア。いつか、本物のタイルを敷きたいと思っています。

ここで役立つ意外なもの

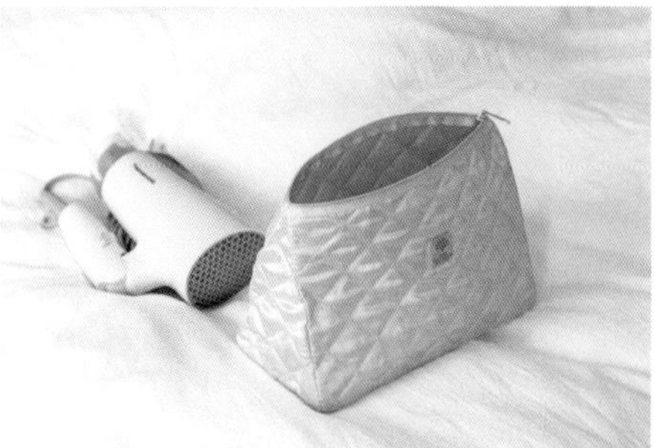

宿泊したホテルの備品であったドライヤー用のポーチ。しっかりしていて「便利なはず！」と直感したので、ホテルのショップで購入。実際、厚手で丈夫なので、日々の収納用にも使っています。

Atelier
1F

仕事場であり表現の場のアトリエ

仕事場・教室を兼ねたアトリエ。うつわを収納した壁一面の食器棚は、いわば仕事道具。床はモルタルで、靴のまま上がります。

馬脚テーブルは脚にのせた天板が取り外せるので、撮影の際に便利。椅子は、アンティーク、現代ものをミックス。

一般の住宅でも取り入れやすいDIYをしています

1階にアトリエがある、ちょっと風変わりなこの家を建てるとき、〝家を育てよう〟をコンセプトにしました。

予算に合わせて設備コストなどを抑えたのは、後からDIYで自分好みにしていくのが前提だからです。外装や水回り、配線など自分の手で変えることができない部分は、建築士さんと大工さんにおまかせし、壁や収納スペースは自分で手を加えて、家を育てようと考えました。

今は仕事で撮影用の小物を製作することも多いのですが、思い返せば中学1年生の頃、母がドールハウスの通信講座を受けさせてくれました。もともと絵を描いたり何かを作ったりすることが好きだった私は、夢中で講座を受けて、たくさんのドールハウスを作ったものです。その経験が今、〝実物大〟に生かされているのかも。

「ここがこうだったらいいな」「壁の色はこっちがいいのに」と思ったら、まず調べてひと手間を加えると、自分好みの暮らしができるようになるかもしれません。

雑貨ショップのディスプレイ什器だった有孔ボード。どうしても欲しくて譲っていただきました。ボードをはめたアンティーのフレームがいい雰囲気なんです！

自然に
ドライフラワーに

仕事用にたくさん仕入れる花やグリーン。役目を終えたら、天井と食器棚のすき間に入れ込んでいきます。こうすると、自然に乾燥してドライフラワーになるので、手軽なディスプレイに。

「メゾン・ド・ファミーユ」の食器棚は、棚板を調節するパーツも木製。細かな間隔で変えられるのがポイント。

間仕切りカーテンは
DIYで

仕切りがないので、天井にバーを取り付けて目隠しカーテンをセット。バーは楽天市場で購入。

照明の色を切り替えられると限られた空間の表情が変わります

家具や造作を変えることは難しくても、スイッチひとつで簡単に変えられる照明の色。わが家ではふだんは白色、食事やリラックスモードのときは暖色、仕事の際は蛍光灯と、つける電球を切り替えています。これ、雰囲気が大きく変わるので、おすすめですよ！

LDK
3F

照明は壁付けタイプを

限られたスペースでは、壁面をなるべく活用して床を広く使いたいもの。わが家に欠かせない間接照明も、コーナーごとに壁付けにしています。LDKはくつろぐ場所なので、リラックスモードの暖色の電球をつけています。

Chapter 2

断捨離よりも好きなものと暮らす

私の買い物基準10

好きなものに囲まれる暮らしは理想ですが
どんどん好みの雑貨やうつわをふやすだけでは収拾がつかなくなります。
何をどう選べば、さらに日々実用的に役立ってくれるのか
自分にとっての最適解を見つける方法を考えましょう。
カテゴリー別に、私のリコメンドショップをピックアップしました。

1/Standard 自分が本当に何が好きなのかを知る方法

Recommend shop ●ビューティフルデイズ(ファブリック) ●Paper Tree(ステーショナリー)

「今度、引っ越すんですけど買い物につき合ってくれませんか？」、スマホの画面を見せられて「この部屋の観葉植物を選んでもらえませんか？」などなど、職業柄ものに関する相談をいただくことがとても多いです。私の趣味で選ぶのは簡単ですが、まわりの方にも自分の好きなものと暮らしてほしい……だなんて、勝手に思ってしまうのです。

冒頭でも書きましたが「好きなものがわからない」という方も多いので、まずはぼんやりでもイメージを形にするところからスタート。好きだと感じる素材を集めてスクラップブックを作ります。心ひかれる布の切れ端、雑誌の切り抜き、気になる言葉をメモしたり、思い出の場所の写真など、とにかくアンテナが触れたものに関わるパーツを張りつけていくのです。私がこの家を建てるときに作ったのが、写真のスクラップブック。大切な始まりのページです。

黒をアクセントにするのは、今も継続しているインテリア。淡いピンクやフェミニンな材質を効かせたパリのアパルトマンが理想でした。

2／Standard 好きなテイストがわかったら小さな場所で自分のご機嫌をとろう

前のページで「いいな」と思うものを集めたスクラップブックを作って、好きなテイストが何となくつかめた方は、次のステップへ。

実際に好きなものを集めて自分だけのコーナーをつくってみましょう。小さくてかまいません。棚１台分、数段分だっていいと思います。アクセサリーや雑貨だけでなく、旅行の記念品、捨てられない可愛い空き瓶だっていいのです。自分の好きなもの、大切なもの、今気になるものを並べてみてください。その一角は、あなたを癒やしてくれるパワースポットになるはずです。

毎日、生きているだけでいろんなことが起こりますね～。いつも笑顔じゃいられないような日だってあるはずです。何かで読んだ、「自分の機嫌は自分でとろう」という言葉。難しい！　と思ったのは、きっと私だけではないでしょう。

東京に上京したばかりのころ、嫌なことがあった日は、何か買い物をして帰っていました。その日は幸福を感じているのですが、月末のカードの明細を見てびっくり！　ちっとも幸せな気分ではなくなるのです（苦笑）。

でも今は、自分の好きなものが詰まった一角を見るだけで、なんだかちょっと幸せな気分になる私がいます。私のコーナーには、好きな紅茶の缶、オードトワレ、アクセサリーを並べて。ガラス扉のついた棚は、自分でアクセントカラーの黒にペイントしました。「私には、ちゃんと大切なものがある」と目で自覚するからでしょうか。ストレスで買い物をしすぎてしまうことも減らせるような気がします。しまい込んでいる大切なものも、ぜひいつも目に入るとっておきの場所に置いてみてください。この方法で、いつも機嫌がいい人に近づけるといいのですが……。

Recommend shop ●TODAY'S SPECIAL（雑貨）●CLASKA（雑貨）●H.P.DECO（雑貨）

棚は「アニー・スローン」のチョークペイントで塗り直しました。取っ手も雰囲気に合わせてつけ替えています。

3/Standard 家電だって自分好みに変えられる

仕事でスタイリングをするときに一番最初に考える部分は、大きなものから考えるか、主役となるものに合わせて、そのまわりを考えていくかのどちらかです。

住まいにおいてはどうかというと、床や壁などの面積の広い部分に続いて、大型家具や冷蔵庫などの家電製品も〝大きなもの〟として考えられるのではないかと思います。わが家のキッチンはダイニングとひと続きで、どこに立ってもキッチン家電が視界に入ります。模様替えを頻繁に行うので、この前まではメインカラーがベージュ系だったのに、今は違う色の雑貨がふえてきて、ふと見るとしっくりなじんでいた家電製品が浮いて見えるといったケースがたびたび起こります。

だからといって、家電製品をそのたびに買い替えることはできません。そんなときにはあれこれとなじませる工夫を試みます。たとえば、冷蔵庫にマグネットのフックをつけてキッチンクロスを吊り下げるだけでも色のトーンをそろえることができます。また、カッティングシートを張って本体の色を変えたり、家電製品の周囲に置くアイテムによっても印象が違って見えたり、無機質な存在感が緩和されたりもします。

キッチンにいくつも並ぶ家電製品が、なんだかしっくりこないという方がいらっしゃいましたら、ぜひお試しください。

Recommend shop ●プエブコ（雑貨） ●コロニアルチェック（家具とリネン） ●LINEN＆DECOR（リネン） ●HUG home&Garden（雑貨）

冷蔵庫は97ページ掲載のショップで見つけた「Will」。amazonで購入したマグネットに「プエブコ」のリネンを下げて、黒を効かせたインテリアになじむようにしています。

4/Standard 隠したいお掃除グッズ見せたいお掃除グッズ

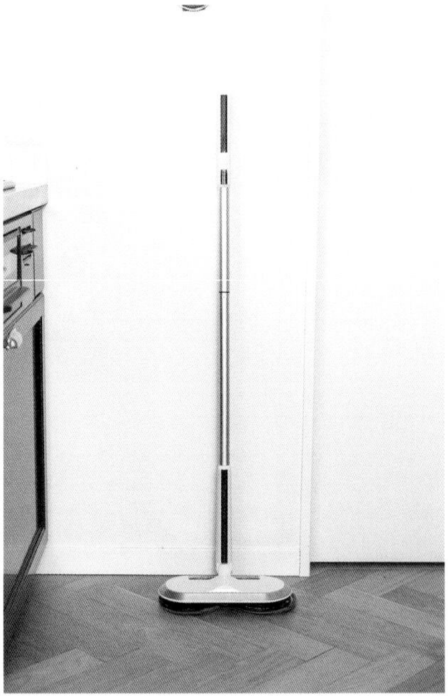

水拭き効果がある電動回転モップクリーナーは、すっきりしたフォルムなので見せたいお掃除グッズの仲間入りです。

以前は、お掃除グッズはすべて「隠したい派」でした。

ですが、デメリットは見えないように収納していることで、手軽に取り出してササッと掃除ができないということ。気づいたときに〝ササッと掃除〟がいいに決まっているのですが、これがなかなか難しい。

さて、そんなズボラ代表の私がこれはよいと思っているのが、隠したいお掃除グッズと見せたいお掃除グッズに分けて考える方法です。

ササッとやったほうがよい掃除には、好きなテイストの道具をそろえて、しまい込まずに、手に取りやすい場所にセット。それからというもの、ズボラ加減が少し改善された気がするのです。

もちろん、これだけではすべての掃除はできませんので、〝じっくり掃除〟用でパッケージやデザインが目立つものは収納して、商品の選び方も分けることにしています。

掃除家電の広告を多く担当している私ですが、今はインテリアになじむベージュカラーの掃除機なども登場しています。昨今の掃除家電事情によって、見せたいお掃除グッズの幅も広がっていきそうです。

隠したいお掃除グッズは、ラックの下段に「無印良品」の布製収納ケースで分類。

Recommend shop ●ニトリ ●無印良品 ●IKEA ●北欧暮らしの道具店 ●ZARA HOME

すぐ手に取れるように吊る
したブラシ類は素材や色合
いを考えて選んでいるので、
出し入れしません。

5/Standard 壁紙見本でわかる好きな色の見つけ方

トイレの壁は、腰高より高めの位置から壁紙を張って、モールディングをしています。

子どもの頃、何色のクレヨンが一番先になくなりましたか？　なくなった１本が一番好きな色だった方も多いはずです。

そして大人になると、色の幅がより多く複雑なことに気づきます。「好きな色」とひと口に言っても、選びきれないという方もいるのでは？　そして、好きな色と、毎日をともにしたい色は違う場合も、実は多いのです。

さてここでのご提案は、毎日をともにしたい好きな色の見つけ方です。

どんな色があなたの心を落ち着かせたり、幸せな気分にさせるのでしょう。

そんな色の見つけ方でおすすめなのが、壁紙見本を取り寄せてみるという方法。たくさんの壁紙見本から、なんとなく毎日目にしても嫌じゃなくて、むしろ心が穏やかに感じたり、気分が盛り上がったりする色を見つけて壁に張ってみるのはいかがでしょうか？　壁の一部に張ってみるのも楽しいです。

好きな色が複数ある場合は、その色が入った柄物の壁紙なんかもいいかもしれません。今のインテリアが気に入っているのなら、それに合わせて壁紙を選ぶのもいいですね。

わが家の寝室はやさしいグリーンの壁紙を選びました（18ページ）。落ち着く色合いで、とても気に入っています。

これは壁紙だけでなく、ペイントに関しても言えること。壁を塗りたいという方も、カラーサンプルを取り寄せて、実際に試してみてくださいね。トイレなどの小さな空間や、壁の１面から始めるのがおすすめです。驚くほど、雰囲気が変わりますよ。

そして、海外旅行の際に現地の壁紙店で選ぶのも、よい思い出と暮らすことにつながります。わが家のトイレ（写真上）の壁紙はパリで見つけました。

Recommend shop ●壁紙屋本舗 ●WALPA ●テシード ●IKEA ●Farrow＆Ball

3Fの壁の傾斜に合わせて張った蜂の絵柄の壁紙は「Farrow＆Ball」（94ページ）で。パリのアパルトマンをイメージして、屋根裏部屋のような印象に。

「壁紙屋本舗」から取り寄せた壁紙のサンプル。色も質感もバラエティに富み、実際に見て触れるとイマジネーションがわきます。

6/Standard ベッドメイクでホテルライクな寝室に

ホテルライクにする際は、シンプルな無地のものを選んで、フットカバーやピローケースに柄物を合わせるのがおすすめです。ちなみに、フットカバーは、靴を履いたままベッドに寝転ぶ欧米の習慣でかけられているものです。

20代前半の頃、衝撃的な１冊に出会いました。前述したベッドメイキングの本です。

当時、私は沖縄に住んでいて、沖縄の国道58号線沿いにあるアメリカ基地内の住宅の払い下げを扱う家具店に通う日々でした。

そのお店には腰ぐらいまである高さのベッドにデコラティブなベッドヘッド、そして日本の一般家庭では見かけないベッドメイキング。「素敵だな……」と考えていたときに出会ったのが、『シンプル＆ラグジュアリーに暮らす』というベッドメイキングに関する本だったのです。その本は、40歳の今の私にとっても変わらず大切な一冊なのですが、残念ながら今の私のライフスタイルでは、毎日ホテルのように整ったベッドメイキングができているわけでもありません。

ただ１つ、気持ちのよい習慣としておすすめなのは、ベッドリネンの肌触りは自分にフィットしたものを選ぶこと。これは意外にも重要で、睡眠の質を上げるのに役立っているような気がします。私は主に２種類のベッドリネンを使い分けています。１つは柔らかくなじんだリネン素材。もう１つは、ホテルにあるようなパリッとしてハリがあるコットン素材。どちらも気持ちがいいものですが、気分によって使い分けをしているのです。

Recommend shop ●USファニチャー（家具） ●マダム・ワトソン（寝具） ●ニトリ ●ZARA HOME（雑貨）

「BUYMA」で取り寄せたアメリカの「Pom Pom at Home」のオーガニックリネン、「ニトリ」と「テイジン」がコラボしたフリルリネンのシリーズは、もう10枚以上リピートしている私の定番ベッドリネンです。

7/ Standard 書類の収納をラクチンかつスマートに

最近でこそ、iPadで資料をごらんいただきながら行う仕事が多くなったものの、やはり書類は相も変わらず多いです。

几帳面かズボラかといったら、間違いなくズボラな性格ですが、書類の整理だけはきちんとしたいと理想は高め。実は、過去に何度も書類収納で失敗を重ねているのです……。

そんなこともあって、日頃から書類の整理グッズばかり見ていたせいか、私のスマホにおすすめ商品として広告が出てきたのが「WORKERS'BOX（ワーカーズボックス）」。見た目も好みで、客観的に見ても便利そうと1つ買ってみると、本当に使いやすかったのでもう1つ購入しました。

用途ごとに写真のように分けて収納できるところが、きちんとしたいという理想を持ったズボラな私にぴったりハマったのです。

さらに、このワーカーズボックスに合わせて書類整理棚をDIYをして完璧な状態となったほど、気に入っています。

そのほか、箱に入れるだけの収納も好き。さまざまなシンプルな箱を買っては書類収納に活用しています。

Recommend shop ●ワーカーズボックス ●IKEA ●無印良品

一番私の暮らしにフィットしたのが、この書類入れ。ただ入れればよい、そんな書類入れなのに見た目もインテリアになじみます。下の写真は、お道具箱サイズの「無印良品」の紙箱。丈夫なので、重ねて収納するのにも安心です。

8/ Standard

キッチンの方向性に合わせたキッチングッズは出しっぱなしOK

この家を建てる前までは、賃貸マンションを転々としていたわけですが、どのマンションのキッチンも今思い出しても大好きな場所です。かつてはアメリカンドラマに憧れ、アメリカのジャム瓶や調味料をディスプレイしていた思い出もあります。

キッチングッズはすべて収納してすっきりしているご家庭と、手の届くところに出しているご家庭とがあると思いますが、わが家はちょうどこの間に属しています。

料理に必要なオイルや、よく使う調味料はお気に入りの容器に入れて、雑貨をディスプレイしているかのように出しっぱなし。毎日のように使う鍋も、コンロに常にスタンバイしています。ここで気をつけたいのが、すべてを出しっぱなしにしないこと。

調理する場所は極力ものを置かずにいたいのです。アルコールスプレーを吹きかけて、清潔な状態で料理することができるように。わが家のようなオープンキッチンでは、常に気をつけたい点でもあります。

出しっぱなしにすると一見ごちゃごちゃするように思えますが、毎日使うキッチンでは、使いやすさも重視するべき。すっきりを優先させて何も置かないキッチンもいいけれど、ものを厳選することで、意外とごちゃごちゃせず絵になるキッチンもできると思います。

Recommend shop ●ダイク(キッチンツール) ●ワイヨットストア(キッチンツール) ●TODAY'S SPECIAL(雑貨) ●quoi de neuf(アンティーク) ●artique(アンティーク)

パリのアパルトマンをイメージしたフロアに合わせたキッチン。フランスの鋳物の鍋を出しっぱなしで愛用しています。

9/Standard 嫌いな家事のテンションを上げる

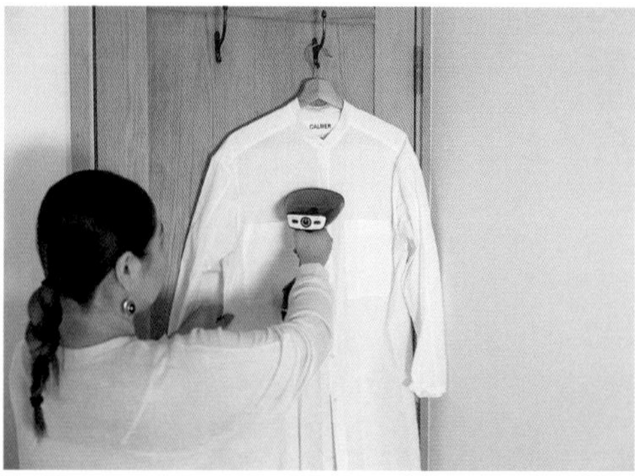

ドアにつけたフックは、長いワンピースがかけられる高さ。これで男性の洋服をかけても充分な位置になります。折りたためるアイロン台も用意しています。

ランドリールームは、私の嫌いな家事を徹底的に補ってくれるアイテムが多く並ぶ場所です。まず、嫌いな洗濯をする場所に行きたくなるように、好きなもので構成していきました。好きな古材風の棚、海外ランドリー風の洗濯物かごなど、気分を盛り上げてくれるものが中心です。

そこにズボラならではの価値観で、日用品を選びました。昔、家じゅうのタオルを真っ白にしていたことがあります。その結果、黄ばんできて漂白が必要になってガッカリしました。ならばと、私がここ10年そろえているのがグレーのタオル。これなら、真っ白のタオルより気兼ねなく使いつづけられます。

洗剤類は、おしゃれなボトルに入れ替えるのも面倒なので、パッケージラベルをはがして使っています。よく使う種類なので、ラベルがなくても困ることはありません。それができない容器の洗剤は、シルバーの缶にまとめて収納しています。

洗濯嫌いの私の好きな家事はといえば、意外に思われるかもしれませんが、アイロンがけ。それでも毎日のことなので、同じ場所で済ませるようにしています。洗って乾燥させた洋服を吊るして、この場所でアイロンをかけられるように、ドアにちょうどいい高さのフックをつけました。あとはスチームアイロンを当てるだけです。

これで、洗濯からアイロンがけまでを1つの場所で完結できるようになりました。嫌いな家事から好きな家事へと流れていくのが、私のルーティンになっています。

Recommend shop ●洗濯ブラザーズ（クリーニンググッズ） ●ZARA HOME（雑貨） ●サラグレース（雑貨）

ラベルをはがすと、大体の洗剤ボトルは白い容器に。容量などを記しておきたい場合は、ボトルに書いておくのも手。

10/Standard 自分のために花と緑を欠かさない

花を飾るというと、キッチンや食卓が多いと思いますが、一人でほっとひと息つけるサニタリーが私のおすすめです。

　仕事が大変だったり、外に出るとどっと疲れたり、なんか今日はいろいろあったな～という日のルーティンがあります。

　それは、花に触れること。

小さなワンコインブーケを買ったり、好きな花を１本買ったりするだけで、大きな癒やしになります。

　冒頭にも書きましたが、20代から30代前半までの私は、本当に人に傷つきやすい人間でした。きっと今だって根本は変わらないのでしょうけど、幸い自分のいたわり方を知る大人になりました。

「なんでそんなに毎日楽しそうなんですか？」とよく聞かれますが、20代と違うのは嫌なことがあったその後の過ごし方をよく知っているからだと思っています。

　嫌なことがあったらお花を買おう！　リラックスしたいからミニブーケにミントを入れて飾ろう！　などと、花や緑のおかげで心の切り替えができるようになりました。季節の花を飾ると、自然とていねいに暮らしているような気分になって、そんな自分にクスッとします。

　ちなみにブーケをいけるときは、まとめてある輪ゴムをはずすほうが、長もちしますよ。

Chapter 3

いつでもどこでも検索&買い物できる

ネットショップ活用が憧れをかなえる

ネットショッピングのメリットは、思い立ったらいつでも
商品を検索できて、いくつものショップと比較検討できること。
憧れの住まいに必要なものが1軒のショップで見つかることは、ほぼありません。
世界じゅうのショップを巡れる現代の利器で
欲しいものに出会うアンテナを育てましょう。

※掲載している商品は著者の私物です。現在はショップで販売していないものもあります。

お気に入りの手帳にToDoリストを書き出す

バインダー／Paper Tree®
https://www.papertree.jp/
模様替えプランのスケッチを挟むのに、バインダーがあると便利。これは丈夫でおしゃれなのでお気に入り。

手帳／トラベラーズノート®
https://www.travelers-company.com
手帳には素敵なインテリア雑誌の切り抜きを張ったり、思いついたヒントを書いたり。中身を替えられるタイプ。

スマートフォンケース＆ストラップ／Topologie
https://topologie.jp/
ToDoリストをスマホ画面に表示して、模様替え中はスマホを首から下げて身軽に。仕事にも役立ちます。

雑誌やピンタレストで見た、インテリアのアイデアを手帳に張ったり書きとめたりしています。連休などを利用して模様替えをするのですが、手帳を見ながらToDoリストを作り、スケッチを描いて……。道具にこだわってみると、面倒な作業も楽しく進められます。

手軽な模様替えは**頻繁**に

ゴールドのノブ
／ZARA HOME
https://www.zarahome.com/jp/
「ZARA HOME」のノブはトレンドを反映したデザインが多いので、よくチェックしています。

ブラック&アイボリーのノブ／D+E MARKET
https://demarket.co.jp
小さなノブはさまざまな場所で活躍します。小ぶりな家具や引き出し用に、気に入ったらまとめ買い。

陶製のノブ／BUYMA
https://www.buyma.com/
ロンドン・CHLOE ALBERRY社の現行品で、凝った形状がお気に入り。家具の雰囲気が変わりそう。

今の気分と住まいを少しだけアップデートしたいときにたびたび替えているのが、ノブです。ファッションでいうとイヤリングやピアス、靴といったところだと思いますが、「おしゃれは足もとから」＝「部屋のおしゃれはノブから」。アクセサリー感覚で、と思うのです。

ミックススタイルで憧れをかなえる

28ページのスクラップブックは、数年前に作ったのですが、当時も今もフランスに住まう方々のインテリアは憧れ。多様な国の家具や雑貨を組み合わせて構成する彼らのインテリアをもとにして、アンティーク品、ヴィンテージ品、現行品のミックススタイルを再現しました。

壁面は**自分の感性と対話**するキャンバス

籐のカバの壁飾り
／ZARA HOME
https://www.zarahome.com/jp/

オンラインのキッズカテゴリーにありました。たまにチェックすると思わぬお気に入りに出会うことも。

ペイントでDIYした額
／Annie Sloan
https://anniesloanjapan.com/

額のような小物なら、ペイントでカラーチェンジするのも気軽にできます。イギリスの「アニー・スローン」で塗りました。

アンティークの飾り
／メルカリ
https://jp.mercari.com/

真鍮のフレームに縁どられたレリーフ入りのガラス。どう使われていたのか不明ですが、ロマンを感じます。

ウィキペディアによると「感性」とは、人間のもつ知覚的な能力の一つなのだそう。そう言われると難しそうですが、目につく壁に飾るこの行為こそ、もっとも簡単にできる自分の感性との対話なのではと思うのです。気に入らないものは、あえて壁に飾らないでしょう？

前向きになれる**香り**に出会う

「空気感よくすがすがしく暮らす」。尊敬する方がよく口にされる言葉です。今や私のモットーでもあるのですが、空気に好きな香りをのせるのもそのためのひと工夫。室内外問わず香りは持ち運べるので、自分らしくいるために、さまざまな場面でつい香りの力を借りてしまいます。

フレッシュハーブで癒やされる

フレッシュハーブ
／落合ハーブ園
https://www.ochiaiherb.com/
オーガニックハーブの落合ハーブ園さんを20代半ばに知って以来、こちらのハーブの大ファンです。

私の母はハーブでいろいろなものを作っていたので、小学生の頃に魔女のアニメを見たとき、母は魔女に違いないと思いました。落ち込むことも多かった10〜20代、体調や気分に合わせて母が差し出すハーブティー。今でもこの新鮮なハーブの香りは、私の暮らしにおける安定剤です。

日々を潤す**グリーン生活**

ガーデンスタンド
／HUG home&garden
https://hug-dct.com/
ガーデンデザイナーのキミー先生オリジナルデザインで、無機質なベランダの背景が素敵になりました。

ジョウロ／IDÉE
https://www.idee.co.jp/
「イデー」らしいムダのないフォルムで、出しっぱなしにしておいても絵になるジョウロ。

お香ホルダー
／アルメタックス
https://www.almetax.co.jp/
和モダンなデザインのお香ホルダーは、虫の出る時季には蚊取り線香を立てて。安定感があるので、屋外でも安心です。

ガーデンオーナメント
／GARDENS
https://www.sense-of-gardens.com/
遊び心のある素敵なガーデングッズが買えるショップは、定期的にチェックしたくなります。

屋上の床に「IKEA」のタイルを敷いてからというもの、少しずつグリーンを楽しむアイテムも購入しています。ガーデングッズは重かったり、大きなものもありますからネットショップはとても便利。全国の素敵なガーデンショップから届くときのワクワク感が、何とも言えません。

Chapter 4

スタイリスト養成の定番です

プロの現場で活躍する飾り方のすすめ

実は私のキャリアは、VMD（ビジュアルマーチャンダイジング）という商品の販売戦略を考案・企画・ディスプレイする技能から始まりました。家庭でのディスプレイにも役立つと思うのでお伝えしてみますね。

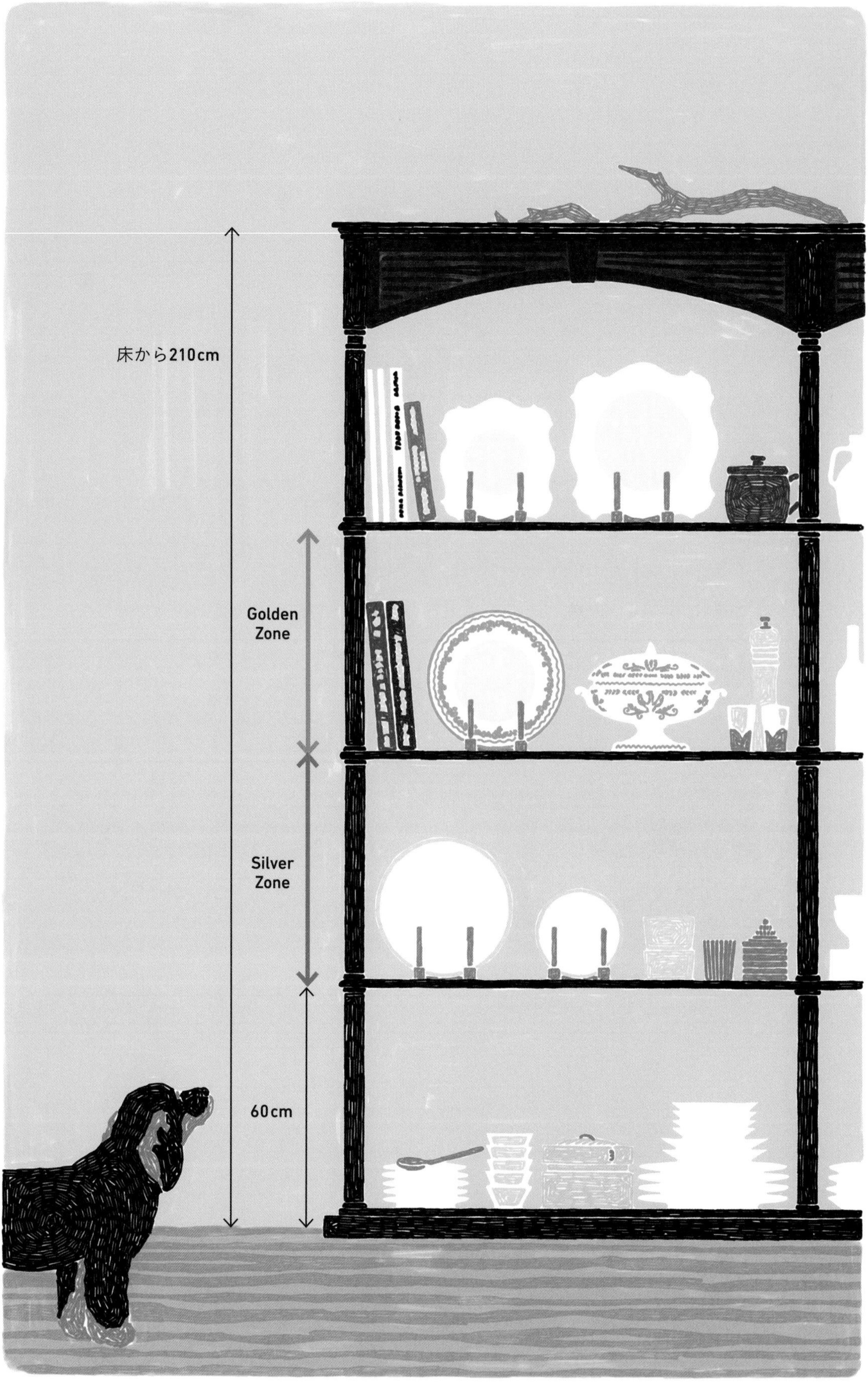
床から210cm
Golden
Zone
Silver
Zone
60cm

1
オープンシェルフの見せ方の定義

VMDの仕事では、売り上げを上げるために、商品をどのように並べたらよいか考案します。その際、まずお店の陳列棚であれば、イラストのように目線の高さをゴールデンゾーンといい、一番売りたい商品を並べます。家庭での考え方は、一番使用頻度の高いものがこの場所にくると生活しやすく、さらにそれがお気に入りの小物や食器であれば、気分よく暮らせることにもつながると思います。

ゴールデンゾーンより少し下の部分をシルバーゾーンといいますが、ここはお店ではPRしなくても売れていく商品を置くとよいとされている位置。家庭なら生活の定番品を置くのがおすすめです。わが家では炊飯器や電気ポットの定位置です。

キッチンの食器棚はダイニングからも丸見え。「メルカリ」で見つけたシェルフに食器も家電も収納して。

一番下の棚には、こまごまとしたものをボックスとレザーの端ぎれの目隠し収納。

2
雑多なものの隠し方

そして雑多なものは一番下、床から60cmの棚へ。お店では商品のストックなどを置くとよいとされる部分です。収納ボックスを引き出しのように入れて、目隠しするのも便利ですね。わが家では、収納ボックスにレザーの端ぎれをかけて、見えないようにしています。ふだんから視界に入りづらいゾーンですし、足もとまでまじまじと見る来客はなかなかいません。キッチンの棚なら食材や日用品のストックなどを。

さらに一番上の棚には、頻繁に出し入れしないものを入れましょう。こまごまとしたものを収納したいなら、こちらにも収納ボックスやバスケットなどを使って。高い場所にあるので、安全に取り出せるようにしておくのもポイントです。

4つの
基本構成

3
雑貨を飾る「3の法則」

小物を飾るときにどんなバランスで飾っていくか、ああでもないこうでもないとやった経験はありませんか？　そして、どうにも絵にならないとガッカリされたことがある方に、簡単にわかる「3の法則」を図式化してお伝えしたいと思います。

ディスプレイの世界では「迷ったら三角形を意識すると上手くまとまる」といわれています。三角形といっても多数ありますから、場所によって一番しっくりくるバランスを見つけてみてください。

次に少し難易度が高い並べ方が、シンメトリーの構成。つまりは同じ数、同じくらいの大きさの雑貨を左右対称に並べます。アシンメトリー構成は、枯山水のような左右非対称に並べる方法。リピート構成は、同じ構成を繰り返していく並べ方です。小さなオブジェをたくさんお持ちの方に向いたディスプレイだと思います。

いかがしょうか？　イラストを参考に、ぜひご自宅の小物で実際に並べて模様替えしてみてください。お手持ちの雑貨が違った印象に見えるはずです。

三角形構成

二等辺三角形

シンメトリー構成

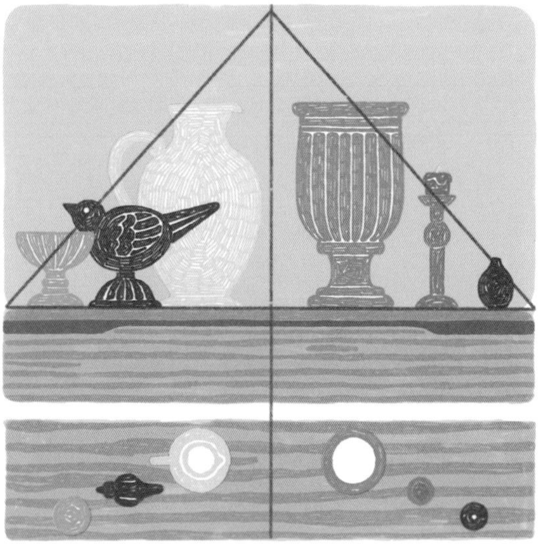

不等辺三角形

複合三角形

アシンメトリー構成

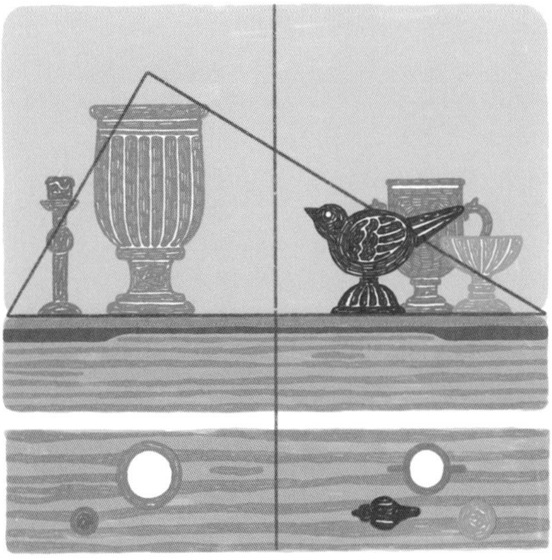

リピート構成

4
壁を傷つけず飾るピンワーク

仕事で壁に何かを飾るときに使用するのが、虫ピンです。近年、デパートや商業施設でのディスプレイでは使うことがなくなりましたが、撮影現場ではいまだに使用することが多い私の必需品です。

私はこの虫ピンで装飾するのがとても好きで、家の中の壁に飾ってあるもののほとんどは虫ピンでとめています。壁に大きな穴をあけることなく壁を飾れるのが魅力です。

虫ピンにはサイズがあり、とめたいものの重さや形状によってサイズ（号数）を変えています。少し重さがあるフレームや壁に布を飾るときは太いピン、軽いものなら細いピンを。amazonで検索するとたくさん見つかります。ただ、とても細いので、安全を考えると小さなお子さまのいるご家庭には不向きです。

おすすめの道具

撮影に使う虫ピン、カナヅチ、メジャー、練り消しゴム、黒いテープ。これはパーマセルテープといって、マスキングテープより粘着力があり、壁を傷つけないので便利。テープと消しゴムもamazonで。

練り消しゴムが便利！

フレームを壁に飾った際の少しの傾きの調整など、ちぎってまるめて使います。

1

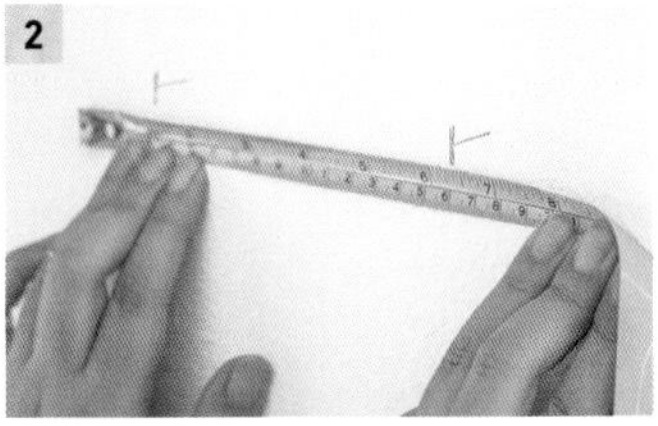
2

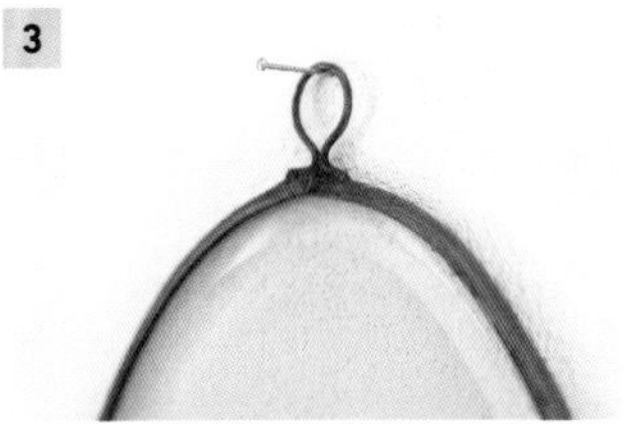
3

4

1 吊り金具を使わず、ガラス板や台紙をはずしたフレームのみを飾ってみました。**2** フレームの内寸をメジャーで測り、両端に虫ピンを刺します。**3** 木枠のみのフレームを2カ所でとめるなら細いものでOK。ガラスプレートを1点で支えるなら少し太めを。**4** 練り消しゴムは高さを合わせるのに使います。

5
オープンクロゼットは カラーコーディネートですっきり！

寝室のすみにあるオープンクロゼットにかける洋服はカラー別に分け、濃淡でグラデーションになるよう並べています。

この方法はグルーピングといい、装飾現場ではよく行なう方法なのですが、カラー別に吊るしてあるとクロゼットはすっきり見えますし、何より洋服をコーディネートするときにスムーズで選びやすいのです。

洋服だけでなく、バッグや帽子もグルーピングやカラーコーディネートしてみると、クロゼットの中まで見せたくなるような気持ちのいいコーナーになります。わが家のように家族とクロゼットを共用している場合は、ハンガーの色を変えたり、目で見て判別しやすくすると誰の服かがすぐわかり、間違えることもなくなります。

Chapter 5

手持ちのうつわのポテンシャルが上がる！

食卓をもっと楽しむための方法

うつわ好きの悩みは、ついついお気に入りがふえてしまうこと。
でも、それが幸せな食の時間につながってもいるのですから！
私がご提案したいのは、それを充分に活躍させてあげる方法。
そうすれば、お気に入りの数だけ幸せもふえるはずです。

日本とヨーロッパの古いうつわの使い方

[手軽なメニューも華やかになる組み合わせ]

ふた付きの漆器
×
スイーツ

お正月などのハレの日にも、日常使いにも重宝する漆器のお椀。一見、骨董の漆器はお手入れが難しそうに思いますが、漆器は修復できるので、しまい込まずにドンドン使っています。汁物だけでなく、お団子を盛りつけて友人とのお茶の時間に。ふた付きなら、「何が出てくるんだろう」とワクワクする友人の顔が楽しみ。

そば猪口
×
カラフル野菜

このそば猪口《ちょこ》は、世田谷ボロ市で出会い、ひと目ぼれ。幕末のうつわと説明を受けました。染付の藍と白の組み合わせはさわやかでありながら、手描きの絵付けにはあたたかさも感じられ、オールシーズン大活躍です。夏には氷を底に入れ、野菜スティックを。染付の侘《わ》びた趣のうつわに色鮮やかな野菜が映えること！

実家の和菓子店では、祖父が茶道の先生からの依頼でうつわに合わせて手描きの図案を起こし、和菓子を製作していました。私も御用聞きで同行し、子どもながらうつわの魅力にひかれ、25歳からうつわのスタイリングも仕事の１つになりました。

うつわの組み合わせはちょっとしたルールを守れば、自由に組み合わせて楽しんでいいのです。新旧のうつわのマッチングも、お互いの新しい魅力を引き出してくれる方法です。

スープ皿
×
フルーツとヨーグルト

当初は、アンティークのうつわをふだん使いにするのは、家族にあまり評判がよくありませんでした。観賞用としてだけではなく、ふだんから使いたいので、仰々しくならない組み合わせで出してみると、気に入って食べはじめるように。スープ皿は深さを生かして、フルーツやシリアルの朝食にも活躍しています。

オーバルの絵皿
×
おつまみ

スーパーで買ってきたお総菜を、うつわの力を借りて素敵に見せるのは得意技。このオーバル形のフランスのアンティークのうつわは、使いやすく絵になるので何種類も集めていますが、お菓子やお総菜、チーズからフルーツまで何をのせても特別な雰囲気にしてくれるような気がしています。花柄なのに食材をじゃましません。

和と**洋**のうつわ組み

［**コツを知れば**うつわを選ぶ自由が広がる］

わが家の麺料理は、この陶製の丼と、もう１つ漆器の小丼が定番です。どちらも和食器ですが、組み合わせしだいでガラッと雰囲気が変わり万能です。この日はフォーを丼に。ベトナムのステンレスのれんげとモロッコのグラス、小鉢はアメリカ製のガラスのボウル。色を絞って、ガラスとメタルの素材を生かしています。

お皿はトレイ代わりにするのにも便利です。もちろんのせるうつわの特徴に気をくばっていますが、友人が家を訪れた日は、会話に集中したいのでこんなふうにワンプレートで「お茶はご自由に」スタイルに。海外製のポットや茶器も和食器と合わせたりと、ちょっと驚きがあるとおもてなしとしても喜ばれます。

座卓で食事をする古い家に育った私は、上京して初めて、友人たちが使っている素敵な洋食器の生活に触れ、華やかな洋食器の世界を知ることとなりました。20代はとにかくウェッジウッドやロイヤルコペンハーゲンといった有名どころを集めていましたが、今のスタイルはというと、和と洋の組み合わせを自由に楽しむスタイルに落ち着きました。和も洋も、どちらも代えがたい魅力があります。それがしみじみとわかるようになりました。

[ガラスウェアはオールマイティ]

さまざまな国の個性あふれる形・柄・質感のうつわが好きなので、常に組み合わせてそれらを楽しんでいます。そこに、とても便利なアイテムとして重宝しているのがガラスウェアです。キラッと光る感じや透明感が、どのうつわとも組み合わせやすい魅力の1つだと思います。組み合わせに悩んだら、ぜひガラスウェアを試してみてください。

意外と知らないうつわのNG

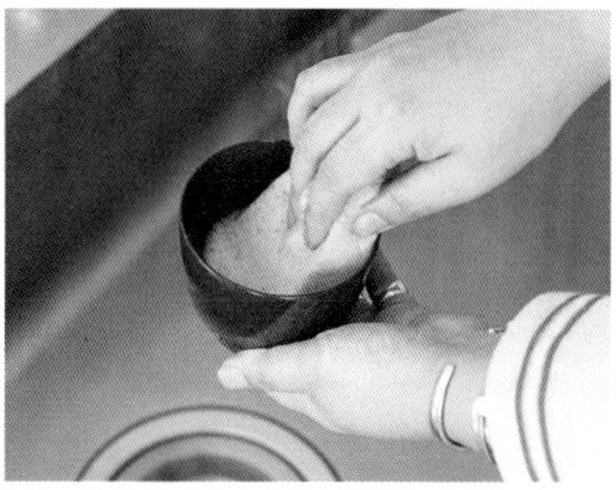

「漆器をスポンジで洗ってはいけない」は嘘《うそ》

漆がはげるのを防ぐために硬めのスポンジは避けたいですが、柔らかいスポンジで洗い、しっかり水けを取るなら、問題ありません。

それは重ねられるうつわ？

うつわを重ねるとき、一度ひっくり返して裏がギザギザしていないか確認します。釉薬が底まで塗ってあるうつわのほうが傷つかず、安心です。

木目のTPO

木製のうつわを使うマナーとして、木目は横に流れるように置くという約束があります。特に茶たくなどはおもてなしの際に注意が必要です。

同じうつわで異なる食事にできる？

Daily ［ふだんの晩ごはん］

基本のMYうつわセット

ごはん茶碗や汁椀など、手でもつうつわは特に好きな色や手触りで選んでいる方が多いのではないでしょうか？　それなら、そのほかのお皿や小鉢、マグカップまたはお湯飲みなどは、ごはん茶碗と汁椀に合わせてもいいでしょう。毎日の食卓では飽きがこないうつわ組みがおすすめです。しっくりとなじむ基本のセットができたら、どんなお料理に合うかまで試してみてください。

　ここでは、同じうつわで、別のシチュエーションの食卓をしつらえてみました。
　というのも、私に寄せられる質問で多いのが、「とりあえず、どんなうつわがあったらいいですか？」という内容です。アドバイスとしては、主菜用になるお皿、ごはん茶碗、汁椀、グラス、小鉢またはボウルがあれば、ひと通りはカバーできます。さらにどうアレンジして活用できるか――。それが定番のうつわのポテンシャルを引き出すことにもなります。

Special ［おもてなしにもなるアペロ］

うつわは何を入れても自由です

フランスにおける黄昏《たそがれ》時の素敵な過ごし方をご存じですか？　その名は〝アペロ〟。ディナーの前の時間に気兼ねない雰囲気で、おつまみやお酒を楽しむ習慣だそう。カジュアルなシチュエーションなので、ふだん使いの定番のうつわの出番です。基本のうつわセットを写真のようにアレンジしてみました。食事の内容や置き方で、同じうつわでもまったく違う表情を見せてくれます。

ごはん茶碗（TODAY'S SPECIAL）や木製の汁椀（三義漆器店）は、シンプルなものを選べばミニボウルとしても。「iittala」のガラスボウルは和食・洋食のみならず、中華や韓国料理にも合うので、１つは欲しいもの。口が広めのマグカップ（TODAY'S SPECIAL）なら、スープカップとしてもいいですね。益子焼の角皿は、シックなグレーなので、モダンな洋食にも合います。

［色違いでそろえる同じシリーズのうつわ］

迷ったら偶数で

「おもてなしの席では、全員同じうつわじゃないとまとまらないのでは？」といった質問をいただきますが、そんな時は２、４、６、８など偶数ずつ集めるのがいいと思います。その半数は色違いでもかまいません。たとえば、４人集まる食事では、同じシリーズでもベージュのお皿の方２名、白のお皿の方２名といったコーディネートでも、ちゃんとまとまってくれるものです。カラーバリエーションがあるほうが、その時々で気分も変えられるので、おすすめです。

よく聞かれるのが「一番おすすめのうつわを教えてください」。そんな時は「これがあると絶対、重宝しますよ」と太鼓判を押せるこちらをご紹介しています。

選ぶうつわは、ライフステージによって異なっていくと私は考えています。さまざまな世代、人それぞれの好みがあるなかで、ここで取り上げた２点はどんなスタイルでも重宝すると思います。素材や色は、その時のお好みで。食卓が変わりゆくのも楽しいものです。

［うつわの額縁ともいえるトレイとマット］

いつものうつわがグレードアップするまとめ役

お皿、小鉢、お椀やグラス……さまざまな柄や形のうつわをすっきりとまとめたい場合、私がよくアドバイスするのは、トレイやマットを使うテクニック。絵画の額縁のようなイメージで、うつわをセットするのです。異なるうつわたちも、額縁をつけてあげたら意外とまとまって見えるので、ひとそろいもっておくと重宝しますよ。１人前ずつお出しするときにも、おもてなしのグレードが上がって見えます。初めは、木製や籐などの自然素材をそろえると、汎用性があります。

簡単なメニューでも豪華に見えるセッティング

うつわは料理の引き立て役でもありますから、簡単なメニューでも、素敵な食卓にすることは充分可能です。その目的は、ゴージャスなテーブルコーディネートにすることではなく、いつもよりちょっとだけ頑張って、マンネリにならないようにするため。そんな時には小物づかいで差をつけてみては？　という提案です。この本を手に取ってくださったのなら、きっと食卓を彩る小物が好きな方が多いはず。楽しみながらやっていただけるのではないでしょうか。

[小物を上手に取り入れるのがポイント]

難しいことはせず、小物で高低差をつけるだけ

テーブルスタイリングは高低差のリズムをつけてあげると、いつもより豪華に見えるのがプロのテクニック。高低差があまりないと、一般的になんだかあか抜けない印象になりがちだといわれています。かといって、結婚式の披露宴のように背の高いキャンドルやグラスを置いたりしては、ふだんの食卓ではやりすぎな印象もありますから、小物で少し遊んでみてください。カトラリーレスト、取り分け用のトング、ソースは小さなココットに……。ほら、ちょっと新鮮に見えるでしょう？

食卓が楽しくなる小物選び

食卓の小物は①食事に使うもの、②食事以外に使うもの、の２つに分かれるとされています。①は写真のように、ソースやディップ用の小さなうつわや、それをよそうカトラリー。食卓用の塩コショウボトルなどもあります。②の食事以外で使う小物とは、たとえばゲストのネームカードやキャンドルスタンドなど、彩りを添えるアイテムです。家庭では①の小物づかいの出番が多いと思いますので、ぜひ食卓に加えてみてください。こうした小物選びも暮らしを楽しむ大切な要素の１つです。

テーブルフラワーのすすめ

[小さなブーケを連ねて**リース**に]

スポンジやワイヤーを使わないリースの形

こちらのアレンジは、水を入れた小瓶やグラスをトレイに１周させて並べ、小さな小さなブーケを麻ひもで束ねてポンポンと入れていくだけです。中央に空間があったら、キャンドルを入れてもいいですね。小ぶりなアレンジで充分に見栄えがしますので、庭の花やグリーンをあしらうのに、もってこいです。いける際にフラワースポンジやワイヤーが不要なので、思い立ったら手軽にできるのもいいところ。丈のある花材を切り戻して短くなったときにも、使えるアレンジです。

この本の最終章で登場するフランスの旅。私のテーブルフラワーは、フランスに24年以上住まわれ、第一線で活躍するフローリストのJun Hamamura先生に師事してから、プライベートでも仕事でも幅が広がりました。

今回はそんなJun先生に教えていただいたなかから、とっておきのテーブルフラワーをご紹介します。ふだんは食卓にテーブルフラワーを飾る機会は少ないと思いますが、とっておきの日の心づくしにお試しあれ。

[香りはハーブに限ります]

食卓でもOKな香りのアレンジ

食卓には強い香りのテーブルフラワーは、料理の香りを邪魔をしてしまうのでNGです。でも、ハーブのアレンジなら食卓でも楽しむことができます。パリでのJun先生のレッスンでは、花と葉物に加えてハーブの香りとのハーモニーまで学ぶので、私も感銘を受けて取り入れています。写真はフラワースポンジにハーブを差し込んでいくアレンジですが、ハーブの葉色にはさまざま色合いがありますから、それだけでも素敵な仕上がりになりますよ。何より、自然の香りが楽しめます。

[球根をいける]

うつわの内径にぴったりはまる長さに枝をカット。球根の茎が支えられる位置に固定します。割りばしでも代用できます。

カフェオレボウルに姿よく

ふだんの暮らしのなかで、うつわと花の組み合わせについて考えることができたら、心のゆとりがあるような気がします。私は、春になったら季節を感じられる球根も、うつわにアレンジ。香りが強い球根ならば、食卓ではなく、サイドテーブルなどで楽しみましょう。球根の場合、咲いた花の頭が重くて、角度が決まらないことも……。そんな時は枝を使った工夫で、しっかりと形が決まります。球根部分が水に浸《っ》かる程度のうつわがちょうどいいですね。

[まるでブーケのようなアレンジ]

貼りつけるのは、ビニールテープが使いやすく便利です。瓶やグラスの周囲をぐるりと覆っていきます。すぐにしおれない枝ものがおすすめ。

うつわを植物で隠したプレゼンテーション

フランスでは、大きなフラワーアレンジメントの場面で、花器にするバケツなどの部分をこのように植物で隠してデコレーションするんだそう。私もパリで作らせていただいたことがありますが、家庭でもこんなアレンジは、驚きがあっておもてなしの席にぴったりです。グラスの外側に植物をテープで貼りつけて、固定した部分はリボンを巻いて隠すのがポイント。グラスの中には花をいけるだけです。まるで、花束が自立しているように見えるでしょう？

ナプキン&テーブルクロスの基本

家庭でのテーブルクロスのおすすめの長さ

ふだん使いのテーブルクロスについて、おすすめの長さはテーブルの横幅に＋50cm、縦幅に＋50cmとされています。つまりテーブルのそれぞれの端から25cmの長さのテーブルクロスが垂れていることになります。これは取り回しがしやすく、座った際にももたつくことなく邪魔にならない長さ。短すぎるとかえって貧相な印象になりますので、テーブルクロスの大きさが足りない場合は、横幅ではなく対面の席に対して25cm程度の長さをもたせるようにするのも手。

ふだんの食卓にテーブルクロスやランナーを使うというご家庭は少ないかもしれません。だからこそ、テーブルスタイリングをする時にちょっとしたポイントを押さえておくとグッと素敵になります。

このページではテーブルクロスとナプキンの使い方のポイントをお伝えします。特別な日におしゃれをして出かける時のように、ウキウキとした高揚感のある食卓になりますから、時にはちょっと手間をかけてみるのもいいものです。右端のメジャーは、クロスの長さを測るのにご活用ください。

Napkin ［うつわとの相性は質感で決まります］

上の写真：ホテルなどで使われているつるりとした磁器のうつわには、ハリのある生地のナプキンを。上品でかしこまった雰囲気になります。左の写真：対して、風合いのある陶器やアンティークのうつわは、柔らかいリネンなどと相性がいいです。しっかりと糊づけせずに遊び心ある結び方にしても。

Table cloth ［かける位置と丈にも理由あり］

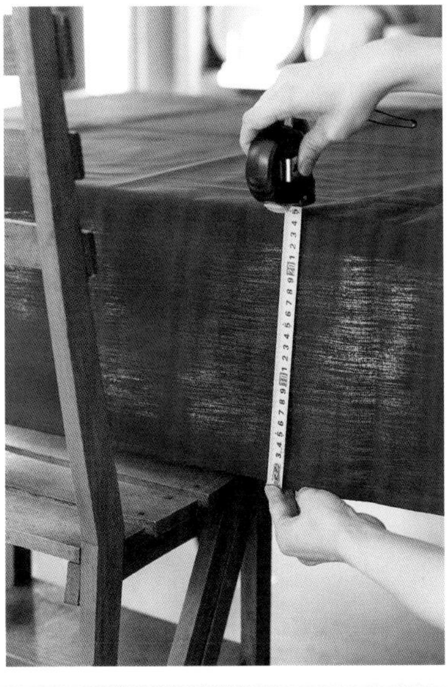

テーブルクロスを購入される時は、ぜひダイニングテーブルのサイズを確認してバランスのいい丈になるものを選びましょう。また、81ページのようなランナーをかける際は、左右対称の位置になっているかメジャーを使ってみてください。うつわを並べてから直すのは面倒ですからね。

[カラーコーディネートで印象が大きく変わります]

香りの強くない季節の花をあしらって。ゲストが自由に注げるようにドリンクはボトルで用意します。

テーブルスタイリングは季節も意識して

季節の食材を使い、季節を意識した色合いでまとめると、おもてなしの準備中も楽しいものです。カラーコーディネートは、大体３〜４色までにまとめると雰囲気よく見えます。同系色のグラデーションでまとめるのも私は好きです。ここでは春を意識して、明るいグリーンとオレンジ、うつわは白をセレクト。フレッシュで心浮き立つ季節の到来を感じさせるように、テーブルフラワーも白とグリーンで、キャロットラペとラザニアのトマトソースのオレンジを引き立てます。

食卓の配置図

［食卓の配置は**相手との関係性で変わる**もの］

Formal 万能な配置

Casual 親しい間柄の配置

配置を考えるのもおもてなしの大切な要素

食卓を楽しむための最後のヒントは、卓上の配置についてのご提案です。一般的な上の写真の配置は、どんな間柄でも万能です。このセッティングには安定感があります。下の写真の配置は私がよく使う配置なのですが、相手との距離が近くなるセッティング。ご家族やカップルでの食事に向いています。たとえば、いつもは対面でも母の日などの記念日に親子で実践してみるのもいいですね。配置を変えるだけでいつもとちょっと違う印象になるので、心の距離感も縮まりそうです。

Chapter 6

スタイリストのおすすめ！

幸せを手に入れる ショップガイド

私の住む東京・自由が丘は雑貨の街。
多くの素敵なショップがあるなかで、いくつかをピックアップしました。
そして、全国にある私のお気に入りのショップも。
店舗で、オンラインで、幸せをもたらす宝物を見つけてください。

Jiyugaoka & Surrounding Area Guide

自由が丘＆周辺ガイド

私が愛する自由が丘のショップをご紹介します！
素敵な雑貨も、おいしいものもたくさん。ぜひ、散策しに来てくださいね。

Interior Shop
インテリアショップ

- A Hug O war
- B クロス＆クロス
- C TODAY'S SPECIAL
- D toutou
- E FREEPARK
- F Maison IENA
- G IDÉE SHOP
- H Journal Standard Furniture
- I MOMO NATURAL
- J BROCANTE
- K TOKYO RECYCLE imption

Fabric Shop
ファブリックショップ

- L CHECK＆STRIPE
- M ホビーラホビーレ
- N ビューティフルデイズ

Flower Shop
フラワーショップ

- O Buriki no Zyoro
- P MONCEAU FLEURS
- Q はなとふるい物 は/ふ

Cafe & Restaurant
カフェ & レストラン

Ⓡ GOOD CHEESE GOOD PIZZA
「ブッラータピザが絶品です」

Ⓢ SHIRO
「優しい気持ちになれるカフェ」

Ⓣ PALMETTO
「すべてのメニューがおすすめのレストラン」

Ⓤ LATTE GRAPHIC
「洗練されていて居心地もいいカフェ」

Ⓥ TWG Tea
「友人と過ごすのに最適なティールーム」

Ⓦ パリ・セヴェイユ
「行列ができる人気パティスリー」

Ⓧ パンと焼き菓子ONYVA
「毎日食べたくなるパンがたくさん！」

Ⓨ RITUEL等々力
「おいしくて大好きな空間です」

Ⓩ evecom
「幸せになれるおしゃれなイタリアン」

1 整然とした小さな空間、厳選したうつわや雑貨、みずみずしい花と緑が出迎えてくれる。**2** オーダーメイドのキャッシャーカウンターは、ショップのモチーフである壺《つぼ》の形がデザインされている。

MAP Q

自由が丘に開いた念願のショップ

はなとふるい物 は/ふ

撮影現場で使用した家具や雑貨は、リースすることができない場合、購入することもあります。ところが撮影が終わると行き場を失って、いつも残念に思っていました。せっかくの素敵なものを、欲しいと思う方に再び届ける場があれば、と始めたのがこのショップ。撮影に使用しただけの状態のいいものをユーズド価格で店頭に並べています。そして、私の大好きな季節の花とフレッシュなハーブたち。心地よい暮らしのために「はなとふるい物」をお届けする空間です。

ShopData

●東京都目黒区自由が丘 3-6-10
TEL / 03-4400-8710
●11:00〜19:00　水曜休

3

4

5

3 並ぶ商品は、すべて一点物。今後はフランスで買いつけしたアンティークも仲間入りする予定。**4・5** オーダーでブーケやアレンジメントも購入できる。写真は香り高いハーブを使ったブーケ￥2500〜。

6

7

6 オリジナルの壺形もなか。ハーブとリンゴのあんがたっぷり。１個￥270。ギフトボックスもあり。**7** ショップカードは「ふるい物」をイメージした壺の形。

MAP L 暮らしに寄り添うファブリック

CHECK＆STRIPE 自由が丘店

チェックやストライプの柄を中心に、日常で気軽に使える布を提案しつづけるショップ。そばに寄り添って、ほっとするような生地が見つかるので、インテリアファブリックにも最適です。全国に8店舗展開。

ShopData

- 東京都目黒区緑が丘2-24-13-105 TEL／03-6421-3200
- 10:00〜19:00 無休(年末年始を除く)

MAP M 生地、編み物、刺しゅう、刺し子のことなら

ホビーラホビーレ 自由が丘店

ソーイングのみならず刺しゅうや編み物、刺し子などさまざまなジャンルのキットが豊富にそろうのが魅力。ハンドメイドを始めてみたい方は、ぜひチェックを！ 人気のリバティプリントも多数展開しています。

ShopData

- 東京都目黒区自由が丘1-26-1 TEL／03-6421-2309
- 10:00〜19:30 無休(1/1〜2休)

MAP C 今日が特別になる発見に出会える食と暮らしの商店

TODAY'S SPECIAL Jiyugaoka

マーケットのようなにぎやかな店内には、生活道具や食材、植物や本、衣類などが並び、時間を忘れそう。毎日の生活を大切にしたい人に向けて、暮らしをより楽しむアイデアや、季節ごとにさまざまな企画を発信しています。

ShopData

- 東京都目黒区自由が丘2-17-8 1F-2F TEL／03-5729-7131
- 11:00〜20:00 無休(年末年始を除く)

MAP D シンプルな生活雑貨はここ！
toutou

ナチュラルなインテリアに取り入れたいバスケットが豊富な、生活雑貨を扱う「toutou」。キッチン雑貨やガーデングッズも取りそろえているので、ふらりと立ち寄るたびに気になるものが見つかりますよ！

ShopData

- 東京都目黒区自由が丘1-24-1
  TEL／ 03-5731-3789
- 12:30〜18:00　水曜休

MAP E とっておきが見つかるセレクトショップ
FREEPARK

ものにまつわるストーリーや作った人の思いを伝えることで、「人」と「もの」をつなげる架け橋になることがコンセプト。作家ものの雑貨からウエアやアクセサリーも扱い、素敵なギフトにもおすすめです。

ShopData

- 東京都目黒区自由が丘2-8-13
  コーレックス自由が丘 1F
  TEL／03-6672-2412
- 12:00〜19:00　不定休

MAP I 日々の暮らしを自分らしく心地よく
MOMO NATURAL JIYUGAOKA

木材の風合いを生かし、多様なライフスタイルに寄り添う家具を作るファニチャーメーカー。ショップには食器や雑貨も並ぶので、住まいをトータルコーディネートするなら、ぜひ訪れて。照明やホームファブリックもあり。

ShopData

- 東京都目黒区自由が丘2-9-19
  Gビル自由が丘 1F-3F
  TEL／03-6421-2651
- 11:00〜20:00
  無休（年末年始を除く）

MAP O

ガーデニングファンの御用達

Buriki no Zyoro

自由が丘を訪れるガーデニング好きなら必ずチェックする「ブリキのジョーロ」。切り花以外に、鉢植えや観葉植物なども豊富です。子どもたちが花と触れ合えるキッズワークショップも開催しています。

ShopData

- 東京都目黒区自由が丘3-6-15
  TEL / 03-3724-1187
- 10:00〜19:00　不定休

MAP G

日常に芸術を感じられる
インテリアブランド

IDÉE SHOP Jiyugaoka

国内外のデザイナーと作ったオリジナル家具をはじめ、植物や音楽、本までも幅広く紹介。訪れるたびに「美意識のある暮らし」をコンセプトにした、アートを感じるインテリアにインスパイアされます。

ShopData

- 東京都目黒区自由が丘2-16-29
  TEL / 03-5701-7555
- 11:30〜20:00、
  (土･日曜･祝日)11:00〜　不定休

Event

自由が丘のイベント

JIYUGAOKA MARCHE

例年５月下旬の週末の２日間、自由が丘駅正面口・駅前ロータリーでは花や観葉植物などを扱うお店のほか、雑貨やフード、アパレルなどのお店も100店舗以上が軒を連ねます。駅前ロータリーには特設ステージが設けられ、ミュージシャンたちがパフォーマンスを繰り広げるイベントも！

自由が丘納涼盆踊り大会

７月の週末には駅前ロータリーは櫓《やぐら》が組まれて盆踊り会場に！　街歩きを楽しんだら、夜は盆踊りを楽しみましょう。

自由が丘女神まつり

毎年10月、スポーツの日の連休に開催される自由が丘エリア最大規模のお祭り。各商店会の趣向を凝らした出店やイベントが催され、ミュージシャンによるステージも充実。遠方から訪れるファンがいるほどの人気です。

※各種イベントは主催者のHP･SNSなどをご確認ください。

Other favorite stores

白金台

上質なインテリアファブリックを
探すならここ！

コロニアルチェック

自然素材にこだわった選りすぐりのコットン、上質なベルギーリネン、オリジナルのリトアニアリネンは100種類以上！　長くつき合っていきたい住まいのカーテンやソファをオーダーするなら、必見のショップです。

ShopData

- 東京都港区白金台5-3-6 1F
  TEL / 03-3449-4568
- 11:00～19:00　火曜休

埼玉県

古道具の世界観に浸る

artique

埼玉と鎌倉に２店舗を構えるアンティークショップ。フランスの古いものを中心に、たたずまいの美しい家具や風合いのいいリネンなどを買いつけています。ぜひ、店頭で世界観を感じてみましょう。

ShopData

- 埼玉県東松山市松葉町1-11-14
  TEL / 0493-59-8469
- 12:00～18:00　水・木曜休

目黒

テーブルコーディネートの
イマジネーションがわく

M' amour マムール

フレンチスタイルのテーブルウェアと雑貨、アンティークやブロカントが所狭しと並ぶ店内。私の御用達ショップでもあります。フランスで注目のテーブルウェアブランドも取り扱いがあるのでチェックして。

ShopData

- 東京都目黒区下目黒5-1-11
  TEL / 03-3716-1095
- 12:00～18:00
  水・木曜休（月・火曜は予約制）

渋谷

リネンのある暮らしを始めよう

LINEN & DECOR

四季を通して日々役立つリネンを、糸選びからこだわって作る専門店。海外の上質な生地によるプロダクトは、ホームファブリックからウェアまで多彩です。不定期でアトリエショップも開催。

ShopData

- 東京都渋谷区神山町13-4-102
  TEL / 03-5790-9685
- 11:00〜18:00　土・日曜、祝日休

目白

日本の壁にもっと選択肢を！

TECIDO 東京ショールーム

デザイン豊富な輸入クロスを扱う壁紙専門の「テシード」のショールームでは、常時6万点もの壁紙を見ることができます。なかなか好みの壁紙に出会えないという方は、ぜひこちらを訪れてみましょう。

ShopData

- 東京都豊島区目白2-2-1
  目白カルチャービル1F
  TEL / 050-1744-6776
- 10:00〜12:00、13:00〜17:00
  日曜・祝日（土曜を除く）、
  GW、夏季、年末年始休

南青山

フランスのエッセンスを暮らしに

サラグレース 青山本店

白やグレーを基調としたモノトーンでありながら、女性らしいインテリアを確立した「サラグレース」。美しいフレンチスタイルを進化させ、ヨーロッパ各地からもセレクトされた商品をラインアップしています。

ShopData

- 東京都港区南青山6-13-25
  南青山TMビル1F
  TEL / 03-6419-7012
- 11:00〜19:00　水曜休

恵比寿

住まいを変える壁紙を

WALPA store TOKYO

洋服を着替えるように壁紙を選んで、住まいを変えることの楽しさを提案する「ワルパ」。世界じゅうのデザイナーズやブランドの個性的な壁紙が集まっています。店舗以外にオンラインでの相談も可能。

ShopData

- 東京都渋谷区恵比寿西1-17-2
  シャルマンコーポ恵比寿1F 101号室
  TEL／03-6416-3410
- 10:00～12:00、13:00～18:00
  木曜休

九段北

おしゃれな
ステーショナリーが見つかる

Paper Tree

フォーマルに使えるオーダーステーショナリーをはじめ、和紙を使用した美しいプロダクトまで、国内外のブランドがそろう紙製品の宝庫。大切な人へのメッセージにふさわしい文房具が見つかります。

ShopData

- 東京都千代田区九段北1-4-7-1F
  TEL／03-3261-9884
- 11:00～17:00　月曜休

茅ヶ崎

掘り出し物のアンティークの器なら！

quoi de neuf

店名の「クゥアドゥヌフ」とはフランス語で「何か新しいことある？」という意味。フランスからアンティークやファッション雑貨が直輸入されるショップでは、常に新しく素敵な商品が届くので、要チェック！

ShopData

- 神奈川県茅ヶ崎市南湖3-15-23
  TEL／070-3269-0057
- 12:00～16:00　日・月・水曜休
  （催事の予定で変更あり）

銀座

憧れのペイントブランドの
塗装空間をじかに体験！

Farrow&Ball銀座サロン

イギリスの老舗ブランド「ファロー＆ボール」の銀座サロンは壁や天井、建具までも塗装で仕上げた空間。奥行きのある色の質感や、光による変化を体感できます。専門家によるリノベーションやカラーの相談も受け付けます。

ShopData

- 東京都中央区銀座5-9-15
  銀座清月堂ビルB1F
  TEL / 03-6264-5531
- 平日・日曜11:00〜18:00　土曜11:00〜17:00
  第１・第３・第５土・日曜、祝日休

日本橋

全国にショップを展開中！

CLASKA Gallery & Shop "DO" 日本橋店

伝統の手仕事で作られる工芸品からデザイナーによる新しいプロダクトまで、今の日本の暮らしに映えるアイテムを集めたライフスタイルショップ。うつわやジュエリーなど、さまざまな作家さんの作品を紹介する企画展も随時開催しています。

ShopData

- 東京都中央区日本橋室町1-5-5
  コレド室町3 2F
  TEL /03-6262-3270
- 11:00〜20:00（土・日曜、祝日10:00〜）
  施設の休業日に準じる

福岡県

素敵な一日は
ベッドルームから始まる

マダム・ワトソン

上質なベッドリネンなどの寝具を多数扱う福岡のショップ。まるでラグジュアリーなホテルのベッドルームのように、快適な眠りと素晴らしい目覚めで、１日が充実するはず。寝室のコーディネートのご相談もできます。

ShopData

- 福岡県福岡市南区野間4- 2 -27
  TEL / 092-542-0788
- 10:30〜19:30
  水曜休（毎月の最終週の火・水曜休）

三重県

庭も楽しめるショップ
HUG home&garden

花のある暮らしを大切にしてほしいと、季節の花苗とおしゃれなガーデン雑貨を扱うショップ。カフェも併設されていて、ゆっくりと時間を過ごせます。「アニー・スローン」の塗料やアンティークもあり。

ShopData

- 三重県桑名市多度町多度2-22-5
  TEL／0594-48-6098
- 10:00〜17:00　水・木曜休

横浜

イベントにも出店しています
「私のカントリーフェスタ」

「私のカントリーフェスタ」
公式HP　Instagram

インテリア誌『私のカントリー』主催のイベントには毎年参加してます！ 花や緑、ハンドメイドの雑貨、アンティーク、ライフスタイルにまつわる多彩な書籍や雑誌に出会える２日間の開催です。みなさまにじかにお会いできる機会ですので、ぜひお越しください！

私たちのショップでは、「はなとふるい物」で扱っている植物や、パリで買いつけしてきた雑貨を販売します。ワークショップも予定。

次に欲しい人のもとへ循環させて
好きなものと上手に暮らしていきたい

撮影や装飾の仕事で必要となるもののほとんどは、撮影専用のリース店でレンタルします。でもリース店にイメージのものがないな……そんな時は、作ったり買ったりします。

シーンを構成する空間をつくるために必要なものですが、撮影や装飾から帰ってくると、弊社の倉庫へ集められ、いったん収納します。そこからリサイクルショップへ持ち込んでもたいてい０円と言われ、値段はつきません。隣のページで紹介している特別なリサイクルショップでは、デザイナーズや骨董まで価値をわかってくださる目利きがされ、ありがたいことに相応の値段がついて引き取ってもらえることも。行先がないものは倉庫に眠ったままなのです。

パリでは、私と同じ仕事の方が撮影や装飾で使ったものを販売しているショップがあります。私も共感して「はなとふるい物」を始めました。ものを愛しているからこそ、使い捨てにしたくない。次の誰かに必要とされる橋渡しができるなら、そんな循環に役立ちたいと思います。

1

2

3

1 家具や雑貨、うつわがひしめく店内。宝物を探すワクワク感がある。**2** うつわも状態がよいものが豊富。有名ブランドやデザイナーズの商品が見つかるので、じっくりと見てまわりたい。**3** ショップの外まであふれるお買い得の家具。近隣に駐車場があるので、持ち帰ることができるなら、さらにお買い得。**4** 気になる商品は、気さくなスタッフにたずねてみよう。

4

MAP K

良い品を厳選してリサイクル

TOKYO RECYCLE imption自由が丘店

東京世田谷を中心に6店舗展開するリサイクルショップ。リサイクルといっても、国内外のブランドや作家もの、アンティークを厳選した、まるでセレクトショップのような品ぞろえが秀逸。豊富な知識をもつスタッフが、よい品を仕入れ、常に掘り出し物が見つかる場所です。

ShopData

- 東京都世田谷区奥沢
  5-20-21
  TEL／03-6421-1294
- 11:00～19:00　木曜休

大好きな街・パリで
センスを磨く

センスは、見てきたものの蓄積といわれています。
それは、生まれもったものではなく磨くものだと信じています。
だから私は年に一度、憧れの人のいるパリで
センスを磨く旅をすることにしているのです。

Chapter 6.5
PARIS

Jun hamamura先生から指導いただき作ったブーケ。ハーブやローズの香りのハーモニーまで楽しむアイデアなど毎回勉強になります。

1

2

3

この仕事を始めて忙しさがピークになったころ、私の住まう街に有名ブランドがパリの暮らしをテーマにした路面店を出しました。建設中のある日、ガラスに張り出されたお花屋さんのパース図の入り口に描かれた、可愛いワンちゃんに魅せられて、私とパリの物語が始まります。

のちに、お花屋さんのプロデューサーのJun先生と出会い、毎年フランスを訪れることに。インテリアや花のこと、そして感性を磨くのに、パリは絶好の街だと思います。

1・2 歩くだけで勉強になり、アイデアが次々とわいてくる街角。人々の暮らしや街の看板、ショーウインドーにまで、ひらめきがあります。**3** 建物の上を見上げると、ウインドーボックスにお花が。わが家も真似しています。

4

[ランジス花市場]

ランジス市場は、プロ専用の花市場。一般の人は入ることができません。私はJun先生について毎回勉強のために訪れます。**4** グリーンだけを集めたお店は日本の市場とはまったく違う光景。**5** アーティフィシャルフラワーも豊富。

5

「テーブルスタイリングや室内装飾、

1

2

1 Jun先生のご自宅の近くに、美しいホテルができたということで、ご紹介いただきました。バティニョールにある「ホテル エルドラド」です。その美しいホテルは田舎の別荘がテーマにされていました。2 映画の世界のようなシャワールーム。クラシックな雰囲気にうっとり。3 客室のベッドルーム。壁紙とコーディネートしたファブリックが素敵です。どこかエキゾチックなテイストも漂って、旅の情緒を誘います。4 さりげない間接照明もおしゃれ。壁紙とシェードのテキスタイルがおそろいです。

3

［バティニョール］

Hôtel L'Eldorado

18, rue des Dames
75017 Paris
https://hoteleldoradoparis.com/en/

4

世界観のすべてにときめきます」

［サン・ジェルマン・デ・プレ］

Mezzanine

39, rue de l'Abbé Grégoire Paris 6
https://mezzanine-paris.com

1 どこもかしこも可愛い店内。フランスリネンやモロッコで作られている、オーナーのケリーさんがデザインから手掛けるグッズなど。**2** オーナーのケリーさんに撮影の許可をもらうと、１つひとつ商品について説明してくれました。**3** ウインドーからのぞく人も多いテーブルスタイリング。ディスプレイも魅力的なので、全部欲しくなってしまいます。

1

2

3

［クリニャンクール蚤《のみ》の市］

ils antiques

Marché Vernaison Allée 7 stand 135
99 rue des rosier, ,Saint-Ouen-sur-Seine 93400

1

1 私が特に気に入っているのは、日本人オーナーAYAさんのお店「イル アンティーク」。今の気分にぴったりなアンティークやブロカントが豊富。素敵なうつわが手に入ります。**2** オーナーの目利きが光るセレクトアイテムが所狭しと並ぶショップ。インテリアも参考になります。インスタグラム@ils antiques

2

Cadbury's
Chocolates

R
eport

TWSA スタイリングの学校

受講者さんたちのインテリアスナップ

テーブルウェアスタイリスト連合会（TWSA）では
プロのスタイリストを養成する講座が充実しています。
テーブルウェアのみならず、空間スタイリングも学び
仕事にもプライベートにも生かしている、みなさまの声をご紹介しましょう。

料理、うつわ、テーブルスタイリングの勉強を仕事にも役立てます

ヘンリー・チョウさん

●受講CLASS
テーブルウェアスタイリスト
ジュニア・ブロンズ・シルバー・
プロCLASS

今までテーブルスタイリングについてシステマティックに勉強できるクラスがなかなか見つかりませんでした。TWSAのコースはきちんとカリキュラムが設計されていて、基礎から現場に役に立つ知識が勉強できるのがすごくよかったと思います。特に撮影時に絵的にきれいな写真だけではなく、マナーをちゃんと守ることもできるようになりました。

空間スタイリングを仕事にするために

知識はもちろんのこと、現場で生かせるスキルや心構えをたくさん学びました。授業内の本格的なアウトプットは、毎回新しい試みを取り入れることで、新たな領域を広げる機会に。実際にお仕事をまかせていただく機会もあり、貴重な経験と実績を得られ、おかげさまで個人のお仕事をいただくこともふえました。

錦織理恵さん
●受講CLASS
テーブルウェアスタイリストプロCLASS、
本格プロップスタイリングCLASS

「食」を引き立てる器や空間について学びたい

講座では、現場でしか学べないテクニックから資料作成まで、惜しみなく教えていただいたことが大きな自信になり、支部としての活動につながりました。今後も学んだことを受講生の方々に還元していきたいです。

三井知里さん
●受講CLASS
テーブルウェアスタイリスト プロCLASS、
プロップスタイリングCLASS
基礎トレーニング、
本格プロップスタイリングCLASS

フードスタイリストとして活動するために

受講をきっかけに、食の分野だけではなく、さまざまなジャンルのみなさまから、センスや力を貸してほしい、とお声がけいただく機会がふえ、お仕事の幅が驚くほど広がりました。TWSAで二本柳代表の素晴らしいセンスに触れ、自分らしさと向き合い、無二の存在になれるよう、バランスよく学ばせていただいたからこそだと思っています。

藤原七夕乃さん
●受講CLASS
テーブルウェアスタイリスト
プロCLASS

魅力をしっかり伝えられるスタイリングができるように

仕事でうつわや手芸の作品などを撮影をすることが多く、受講を決めました。テーブルウェアスタイリスト講座でスタイリングのマナーと撮影に役立つ知識と技術を身につけることができました。現在は撮影スタイリングはもちろん、TWSAのスクールでも講師として受講生のサポートも。学んだ知識をわかりやすくお伝えできるよう尽力しています。

赤松 茜さん

●受講CLASS
テーブルウェアスタイリスト
プロCLASS

現場経験が夢の実現の後押しに

塚越真澄さん

●受講CLASS
テーブルウェアスタイリスト
ジュニアCLASS、
本格プロップスタイリングCLASS

フラワー装飾と写真を仕事につなげたく、より魅力ある作品づくりができるようにスタイリングを学びたいと思い受講しました。授業ではプロの専門知識や技術を学び、アシスタントとしても多くの現場経験を積ませていただき、夢の実現に大きな後押しになりました。

プロップススタイリストを目指して

以前からプロップススタイリストという職業に憧れをもっていましたが、知識もなく仕事につなげることができませんでした。受講後は仕事の流れや技術を学んだだけではなく、その後の仕事にまでつなげられました。また、講座中は実技で制作した作品に対しても決してマイナスなことは言われず、前向きに楽しく受講ができました。

関本健太郎さん

●受講CLASS
プロップスタイリングCLASS
基礎トレーニング、
本格プロップスタイリングCLASS

フードの仕事を通じて、幅広い分野に！

テーブルまわりやおしゃれな空間がつくれるようになりたくて学びはじめました。撮影現場でのアシスタントなど実践でも多くの学びをいただき感謝しています。今後も名古屋支部としての活動を軸に、自身の料理教室のスタイリングのほか、幅広い分野で役立てるように取り組んでいきます。

柳 万里子さん

●受講CLASS
テーブルウェアスタイリスト
ジュニアCLASS、シルバーCLASS
プロップスタイリングCLASS
基礎トレーニング

WORK & SCHOOL

私の仕事と後進育成のため、10年前から運営する
一般社団法人テーブルウェアスタイリスト連合会（TWSA）の
主な業務内容と、「スタイリングの学校」をご紹介します。

WORK TWSAの主な仕事内容

VMD

メーカーや商社の商談会場、見本市の企業ブース装飾、百貨店や店舗、ショールームなどのディスプレイ対応、年間多数の会場装飾やディスプレイ業務を行っております。ディスプレイ業務では、空間施工のデザイン監修から携わり、食器のセレクトや売り上げなどの成果向上につながるディスプレイ装飾を行っています。また、スタイリングの学校ではVMDの授業を設けており、店舗や企業のディスプレイを手がけるための生きた知識とメソッドを一から学んでいただけます。

PROPSTYLING & INTERIOR

広告・CM撮影・カタログなどへのプロップスタイリング、年間を通して大小80件以上の広告撮影におけるプロップスタイリング（小物やインテリアを中心としたスタイリング）を手がけています。TWSAのグループ会社でスタイリスト所属事務所でもある空間スタイリング社に所属のスタイリストたちが撮影現場で活躍し、スクール生はアシスタントとして携わりながら現場で学ぶ制度があります。主に広告代理店やデザイン会社などからの依頼、そのほかでは食器メーカーや食品メーカー、ホテルグループからの依頼を直接受けてスタイリング業務を行うこととなります。

MEDIA

食器のスタイリストや食器研究家としてメディアに出演。これまで当団体には多数の出演依頼があり、私をはじめ多数のスクール卒業生が全国民放のTV番組や新聞、ラジオ、WEBメディアなどに出演しています。また、食器の専門家として、TV番組などの食器に関するクイズ問題の作成や監修、食器に関するコラムの執筆なども行っています。

STORE DESIGN

カフェやクリニック、ホテルの中のバーやメーカー、ウエディング、ショールームまで多数の商業施設のデザインと家具の選定装飾を手がけております。

SCHOOL　スタイリングの学校やうつわ検定について

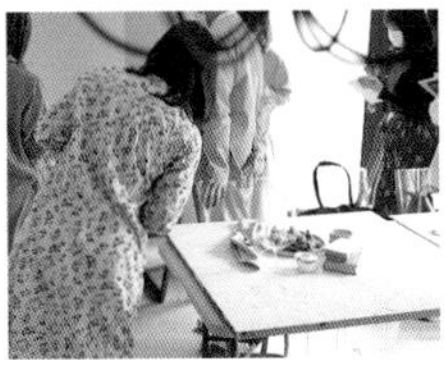

テーブルウェアスタイリスト®の資格は、2014年に日本で初めて食器に特化した専門スキルを学ぶ資格として誕生しました。現在は日本国内だけでなく世界12カ国にこの講座を受講した訪日外国人がおり、支部は日本全国９カ所にあります〝食や器の組み合わせ〟〝菓子と器の組み合わせ〟を研究しスタイリング、発信するプロフェッショナルを認定する制度です。弊社で認定した多数のテーブルウェアスタイリスト®が雑誌や広告現場、企業でプロのスタイリストとして活躍中。趣味で講座を受講されて、コンテストで受賞する方もいらっしゃいます。また昨今では、大手企業はじめさまざまなライフスタイル系の事業を展開する企業の研修として、本講座のカリキュラムを受講いただいております。本部校ほか、北は北海道南は大阪まで各支部で受講が可能。支部がない地方のみなさまには2012年より（株）日本ヴォーグ社の通信講座にて本講座を受講していただけるようになりました。

お仕事でご一緒するなかで、「自社でも、スタイリング技術の研修を行ってほしい」との声を多くいただいたことから始まったのが、この講座です。この技術は私が20代の頃、美容雑誌の編集部員時代に現場で試行錯誤していくなかで学び得たプロップスタイリングの技術です。10年前から、食器や食卓空間のスタイリング撮影に力を入れてきた弊社が、カメラマンやデザイナー向けに化粧品や飲料の撮影用にプロップスタイリング研修を行なったことをきっかけに、カリキュラムを構築。現在は、これからプロップスタイリストを目指す方はもちろん、活躍する全国のカメラマンやスタイリストのみなさまも多く参加され、プロのプロップスタイリストも多く輩出しています。
＊オンライン講座と対面講座あり

スタイリングの学校　公式サイト　https://www.tablewarestylist.net/

うつわ検定について

これまで、広告や雑誌、カタログ、テレビCMなどの現場で食器や食卓シーンのスタイリングを行なってきましたが、私自身も仕事で取り扱う食器についてのさまざまなセミナーに参加したり、書籍で学んだり、時には窯元を訪れて、学びながら仕事をさせていただきました。
若いスタイリスト見習いの方に「このうつわはこのスポンジでは洗えないから……」「このうつわは重ねられないよ」などと１つひとつお教えしていましたが、もっと簡単に学びたいという声を耳にすることがふえてきました。そこで、うつわの知識をもっと楽しく勉強する場として、「うつわ検定」を考案しオンラインで試験を受けられるシステムを作りました。考案から５年以上かかり、2023年５月にやっと形になりました。食器の商社、フードスタイリスト、食器がお好きな方など、大変多くの方が受験されています。

うつわ検定®
POTTERY examination

うつわ検定　公式サイト　https://www.utsuwakentei.com

EPILOGUE

１冊を通して、みなさまと一緒に考え、
ほんのちょっぴり、私の考えと経験をお伝えする本書の最後のページです。
「選ぶもので人生は変わる」なんて言ったら大げさかもしれませんが、
きっと変わります。
本書を手に取ってくださいましたみなさまとは、
ショップやSNS、イベントなどを通じていろいろな場面で交流できる、
そんな気がします。本書を手に取っていただき感謝申し上げます。
またこの本を出すきっかけをくださいました、
主婦と生活社の高橋さん、藤井さん、
素敵に撮っていただいた田中舘カメラマン、
おしゃれな本のデザインをしてくださったデザイナーさん、
絶対、家に飾ってしまうであろうこと間違いなしのイラストレーターさん、
パリのロケでお世話になったJun Hamamura先生、
パリのカメラマンのミチルさん、心よりありがとうございます。
そしてうちの会社のみんな、家族、いつもありがとう。

プロップスタイリスト

二本柳志津香

Shizuka Nihonyanagi

プロップスタイリスト
二本柳志津香
インスタグラム@nippon.shizuka

はなとふるい物 は/ふ
インスタグラム@hanatofuruimono
著書『今の時代のうつわ選び』
（主婦の友社刊）

STAFF
撮影／田中舘裕介　落合里美　中山ミチル
イラスト／柿崎サラ
デザイン／中川 純（ohmae-d）
校正／福島啓子
編集／藤井瑞穂

スタイリストが実践！
好きなものと上手につき合うインテリア

著　者　二本柳志津香
編集人　東田卓郎
発行人　殿塚郁夫
発行所　株式会社主婦と生活社
〒104-8357　東京都中央区京橋 3-5-7
https://www.shufu.co.jp/
編集部　03-3563-5129
販売部　03-3563-5121
生産部　03-3563-5125
製版所　東京カラーフォト・プロセス株式会社
印刷所　大日本印刷株式会社
製本所　株式会社若林製本工場

ISBN978-4-391-16206-6

※本書記事中のショップ・商品情報は、2024年5月現在のものです（価格は税込）。
変更になる場合がありますので、ご了承ください。